DU umgibst mich von allen Seiten

Rainer Oberthür, geb. 1961, lebt mit seiner Frau in Aachen und hat zwei erwachsene Kinder. Er ist Dozent für Religionspädagogik (seit 1989) am Katechetischen Institut des Bistums Aachen und Autor zahlreicher erfolgreicher Bücher für Kinder und Erwachsene. Zudem arbeitet er in Projekten an Grundschulen als Religionslehrer, um seine Ideen mit Kindern in der Praxis zu entwickeln und anzuwenden. Er war 18 Jahre stellvertretender Direktor des Katechetischen Instituts und 22 Jahre im wissenschaftlichen Beirat der religionspädagogischen Zeitschrift »Katechetische Blätter«. www.rainer-oberthuer.de

Marieke ten Berge lebt mit ihrem Mann und drei Kindern im niederländischen Marschland. Ihre Ausbildung als Designerin absolvierte sie in einer Agentur für Innenausstattung und in der Geschenkbuchbranche, verlagerte ihren Fokus aber mehr und mehr auf Illustration. Marieke liebt es, Illustrationen und grafische Drucktechniken zu verbinden und probiert in diesem Bereich immer wieder Neues aus.

Mehr von Rainer Oberthür und Marieke ten Berge:

So viel mehr als Sternenstaub –
Nachdenken und Staunen über Gott
978-3-522-30499-3

Mehr über unsere Bücher, Autor:innen und Illustrator:innen auf:
www.thienemann.de

RAINER OBERTHÜR, MARIEKE TEN BERGE

DU umgibst mich von allen Seiten

Psalmen für Kinder

Gabriel

Inhaltsverzeichnis

Warum hast DU mich verlassen?
Warum bist du so fern, wenn ich klage und schreie?

Ich rufe bei Tag, doch du gibst keine Antwort.
Ich rufe bei Nacht und finde keine Ruhe.

Psalm 22,2-3

DU umgibst mich von allen Seiten
und hältst deine Hand auf und über mir.

Zu wunderbar bist du für mich,
zu hoch, ich kann dich nicht begreifen.

Psalm 139,5-6

Manchmal, da sind wir sprachlos vor Trauer.
Kein Wort kommt aus uns heraus. Es bleibt uns im Halse stecken.
Das Herz ist bedrückt. Wir möchten uns aus der Welt verkriechen.

Manchmal, da sind wir sprachlos vor Freude.
Kein Wort kann unseren Jubel beschreiben. Uns stockt der Atem.
Das Herz läuft uns über. Wir möchten die ganze Welt umarmen.

Wie gut, dass es für solche Erfahrungen Worte und Sätze gibt.
Wir finden sie in einem alten Buch, das für uns neu und aktuell wird,
wenn wir darin lesen und dort unsere Fragen des Lebens finden.
Kennen wir diese Worte, brauchen wir nicht nach eigenen suchen.
Wir können sie einfach aussprechen, vor uns und gegenüber anderen.
Vertrauen wir jemandem an, was uns bewegt, geht es uns besser.

Darum geht es in diesem Buch. Lass dich überraschen!
Von den Worten, in denen viele Bilder stecken,
und von den gemalten Bildern zu diesen Worten.
Du kannst dich und dein Leben in ihnen entdecken.
Du kannst dich an sie erinnern und sie können dir helfen,
wenn du sprachlos bist vor Kummer oder vor Glück!

Ich bin wie ein zerbrochenes Gefäß.

Psalm 31,13

Deine Hände formten mich und gaben mir Gestalt.
Psalm 119,73

Die Angst meines Herzens ist groß.

Psalm 25,17

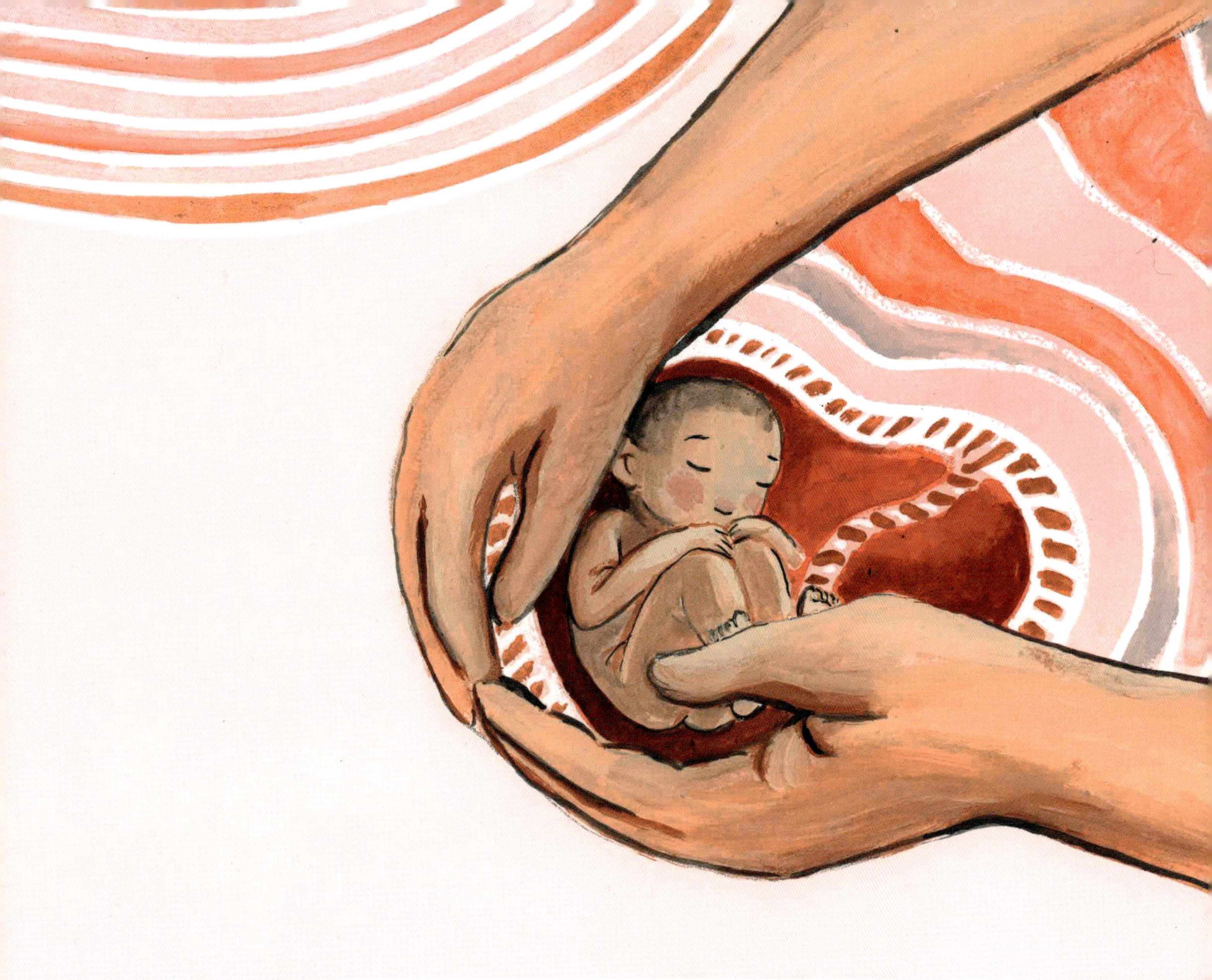

In Angst schaffst du mir weiten Raum und tröstest mich.
Psalm 4,2

Wie lange willst du mich so ganz vergessen?

Psalm 13,2

Du verlässt nicht die, die nach dir fragen.

Psalm 9,11

Ich vertrockne wie Heu.

Psalm 102,12

Du bist Sonne und wärmst uns.

Psalm 84,12

Sicher fragst du dich: Was sind das für Sätze?
Wer sagt so etwas und wann und warum?
Was haben diese Menschen wohl alles erlebt?

Hier sprechen Menschen offen und aus tiefster Seele aus,
was sie bewegt, was sie ganz traurig oder sehr froh sein lässt,
was ihnen viel Angst macht oder was ihren ganzen Mut weckt,
was ihre Wut entfacht oder was ihnen Vertrauen schenkt.

Sie sagen es einem Gegenüber, das sich wirklich alles sagen lässt
und einfach da ist, auch wenn das nicht jederzeit zu spüren ist.
So kommen Frage und Anklage, Wut und Trauer, Lob und Dank
zusammen und werden gehört, gesehen und beachtet.

Dieses Gegenüber hat viele Namen: Weisheit, Frieden und Leben,
Vertrauen, Stille und Liebe. Zu den schönsten Namen gehören:
JAHWE, Ich-bin-da, Befreier, Schöpfer, GOTT oder einfach DU.

Es ist Gottes Ohr, das den Menschen tatsächlich zuhört.
Es sind auch Gottes Augen, die die Menschen liebevoll ansehen.
Es ist Gottes Herz, das auf alles Leid und jede Freude der Welt achtgibt.

Diese Sätze stehen im Buch der Psalmen, das wir in der Bibel finden.
Die Bibel ist ein Buch, in dem wir lesen und uns selbst entdecken können.
Im Buch der Psalmen finden wir 150 Lieder und Gebete aus alter Zeit.
Vor mehr als 2300 Jahren, lange vor Jesu Geburt, sind sie entstanden.

Jesus hat die Psalmen sehr gut gekannt und immer wieder gebetet.
Bis heute sind sie die gemeinsamen Gebete von Juden und Christen.
Darin sprechen wir unsere Gefühle aus und vertrauen uns Gott an.
Deine SEELE und das DU Gottes treffen sich und sprechen miteinander.

Es ist wie beim allerbesten Freund, bei dem du alles loswerden kannst.
Du sprichst die Worte aus: Der Schmerz wird weniger, die Freude mehr.
Das löst nicht gleich jedes Problem, aber es tut gut und gibt Hoffnung.

Klagen und verzweifelt sein

Ich bin ausgeschüttet wie Wasser,
mein Herz ist in mir wie Wachs zerflossen.
Psalm 22,15

Ich bin so einsam und mir ist so elend.
Psalm 25,16

Ich habe keine Kraft, ich bin völlig zerschlagen.
Psalm 38,9

Ich bin stumm, schweige fern der Freude
und muss mein Leid in mich fressen.
Psalm 39,3

Meine SEELE, warum bist du so betrübt,
warum bist du so unruhig in mir?
Psalm 42,12

Ich bin geworden wie eine Eule in verwilderten Ruinen,
wie ein einsamer Vogel auf dem Dach klage ich.
Psalm 102,7-8

Vertrauen und Geborgenheit finden

Ich liege und schlafe ganz mit Frieden.
Denn DU lässt mich ohne Sorgen wohnen.
Psalm 4,9

Mein Gott ist mein Hirte, nichts wird mir fehlen.
Psalm 23,1

Mein Licht und meine Freiheit bist du,
meines Lebens Kraft.
Psalm 27,1

Am Abend mag man wohl weinen,
doch morgens kommt wieder die Freude.
Psalm 30,6

In deiner Hand ist meine Zeit.
Psalm 31,16

Bei dir wird meine SEELE still.
Du bist mein Fels und Schutz.
Ich werde nicht fallen.
Psalm 62,6-7

In Angst und Gefahr sein

Sie umringen mich und starren mich an.
Sie wollen mich zu Boden stürzen.
Psalm 17,11

Meine Kehle ist ausgetrocknet,
die Zunge klebt mir am Gaumen.
Psalm 22,16

Ich höre, wie viele über mich lästern.
Psalm 31,14

Sie fragen mich, was ich nicht weiß.
Psalm 35,11

Mein SEELE ist übervoll mit Leid.
Psalm 88,4

Gefangen bin ich und komme nicht heraus.
Psalm 88,9

Bitten und rufen in der Not

Wie lange noch soll ich mich sorgen in meiner SEELE?
Psalm 13,3

DU mein Gott, halt dich nicht fern!
Du meine Stärke, eil mir zu Hilfe!
Psalm 22,20

Wach auf, warum schläfst du?
Verstoße uns nicht für immer!
Psalm 44,24

Rette mich, Gott, das Wasser geht mir bis an die Kehle.
Ich versinke im tiefen Schlamm und habe keinen Halt.
Psalm 69,2-3

Zeig uns bitte, dass du da bist,
zeig den Kindern, dass du ein helfender Gott bist!
Psalm 90,16

Aus der Tiefe rufe ich zu dir.
Hör doch meine Stimme!
Psalm 130,1-2

Gerettet werden und neu anfangen

Gott wird seine Hand aus der Höhe strecken,
mich fassen und herausziehen aus gewaltigen Wassern.
Psalm 18,17

Mit meinem Gott springe ich über Mauern.
Psalm 18,30

DU hast meine SEELE gerettet aus der Gefahr des Todes
und hast mir das Leben neu geschenkt.
Psalm 30,4

Du stellst meine Füße auf weiten Raum.
Psalm 31,9

Du bist groß und tust Wunder,
nur du bist Gott, du allein.
Psalm 86,10

Allen Fallenden bist du ein Haltender.
Psalm 145,14

Fragen und suchen

Alle, die nach Gott fragen, werden ihn loben.
Aufleben soll euer Herz – für immer!
Psalm 22,27

DU bist mein Gott, den ich suche.
Meine SEELE hat Durst nach dir.
Psalm 63,2

Es gibt Reiche, die haben nichts und hungern.
Wer aber Gott sucht, hat alles Gute.
Psalm 34,11

Du bist nah denen, deren Herz zerbrochen
und deren Mut zerschlagen ist.
Psalm 34,19

Sich freuen und jubeln sollen alle, die nach dir fragen.
Psalm 40,17

Öffnest du deine Hand, werden alle satt mit Gutem.
Psalm 104,28

WAY

Staunen und sich wundern

Von Geburt an bist du nah bei mir,
schon im Bauch der Mutter bist du mein Gott.
Psalm 22,11

DU bist die Quelle des Lebens.
In deinem Licht sehen wir das Licht.
Psalm 36,10

Mein Gott, so groß sind deine Wunder,
so sorgsam hast du alles geplant!
Psalm 40,6

Tausend Jahre sind für dich wie ein einziger Tag.
Psalm 90,4

In Gottes Hand sind die Tiefen der Erde
und genauso die Höhen der Berge.
Psalm 95,4

Du hast mich werden lassen im Leib meiner Mutter.
Ich danke dir, dass ich so wunderbar gestaltet bin.
Zum Staunen sind deine Werke. Das erkennt meine SEELE.
Psalm 139,13-14

Wütend sein und sich beklagen

Ich bin am Ende und frage dich: Wie lange noch?
Psalm 6,4

Warum bist du fern und verborgen in Zeiten der Not?
Psalm 10,1

Warum hast DU mich verlassen?
Psalm 22,2

Erhöre mich und antworte mir,
wie ich so ohne Ruhe klage und weine!
Psalm 55,3

Verstoßen und zerstreut hast du uns.
Nun wende dich uns wieder zu und tröste uns!
Psalm 60,3

Meine SEELE zerfließt vor Kummer.
Richte mich auf durch dein Wort!
Psalm 119,28

Glücklich sein und sich freuen

Bist DU bei mir, werde ich nicht fallen.
Darum freut sich mein Herz und meine SEELE jubelt.
Psalm 16,8-9

Ins Weite hat Gott mich hinausgeführt und befreit.
Er mag mich, so viel bedeute ich ihm!
Psalm 18,20

Den Sack der Trauer nahmst du mir fort
und gabst mir ein fröhliches Kleid.
Psalm 30,12

Du bist meine Zuversicht.
Psalm 61,4

Licht wird ausgesät für den Gerechten,
Freude für die, die ein ehrliches Herz haben.
Psalm 97,11

Freue sich Gott an allem, was durch ihn wurde!
Ich freue mich an meinem Gott.
Psalm 104,31.34

Zusammen und befreundet sein

DU richtest mich auf.
Psalm 3,4

Du mein Gott, machst hell meine Finsternis.
Psalm 18,29

Du hältst mich fest an der Hand
und leitest mich auf einem guten Weg.
Psalm 73,23

Du verzeihst mir meine Fehler.
Psalm 103,3

Du machst mir mein Herz weit.
Psalm 119,32

Du belebst mich und führst mich heraus
aus der Not meiner SEELE.
Psalm 143,11

Hilfe bekommen und Gutes erleben

Gott hat das Elend des Armen nicht übersehen,
hat sich nicht vor ihm versteckt und sein Schreien gehört.
Psalm 22,25

Es begegnen sich Güte und Treue.
Gerechtigkeit und Friede küssen sich.
Psalm 85,11

DU verschaffst Recht den Unterdrückten dieser Welt,
gibst den Hungrigen Brot und befreist die Gefangenen.
Psalm 146,7

Die Blinden werden sehen, die Gebeugten werden aufgerichtet,
die Fremden im Land werden beschützt und behütet sein.
Psalm 146,8-9

Du heilst gebrochene Herzen, verbindest die Wunden der SEELE.
Du bestimmst die Zahl der Sterne und nennst alle mit Namen.
Psalm 147,3-4

Du bist es, durch den der Frieden kommt.
Psalm 147,14

Das Leben neu entdecken und erfahren

Du hörst mein Weinen.
Psalm 6,9

Du lässt mich den Weg des Lebens erkennen.
Psalm 16,11

Und muss ich auch wandern im finsteren Tal,
ich fürchte kein Unglück, denn DU bist bei mir.
Psalm 23,4

Bewahre meine SEELE und rette mich.
Ich schmiege mich an dich und berge mich an dir.
Psalm 25,20

Du hast mich wieder gesund gemacht.
Psalm 30,3

All meine Quellen sind in dir.
Psalm 87,7

Bilder und Symbole finden

DU bist mein Schild und mein Schutz.
Psalm 7,11

Du bist mein starker Fels, meine unbezwingbare Burg,
mein Retter und mein Hort, auf den ich traue.
Psalm 18,3

Wie kostbar ist doch deine Liebe, Gott!
Menschen sind geborgen im Schatten deiner Flügel.
Psalm 36,8

So hoch sich der Himmel über die Erde wölbt,
so weit umfängt deine Liebe uns.
Psalm 103,11

In ein Kleid aus Licht hüllst du dich.
Du breitest den Himmel aus wie einen Teppich.
Psalm 104,2

Wie ein kleines Kind bei seiner Mutter,
so ist meine SEELE ganz still in mir.
Psalm 131,2

Das Geheimnis spüren und bewahren

Wenn ich hinaufschaue zum Himmel, von dir geschaffen, frage ich:
Was ist bloß der Mensch, dass du an ihn denkst und ihn annimmst?
Psalm 8,4-5

Nur wenig geringer als Gott hast du den Menschen werden lassen.
Mit Glanz und Herrlichkeit hast du ihn gekrönt und ihn beauftragt,
sorgsam und verantwortlich mit der Schöpfung umzugehen.
Psalm 8,6-7

Zu dir, mein Gott, erhebe ich meine SEELE!
Auf dich vertraue und hoffe ich.
Psalm 25,1-2

DU umgibst mich von allen Seiten
und hältst deine Hand auf und über mir.
Psalm 139,5

Zu wunderbar bist du für mich,
zu hoch, ich kann dich nicht begreifen.
Psalm 139,6

Du mein Gott, wie kostbar und undenkbar
sind für mich deine Gedanken, wie unendlich ihre Zahl.
Psalm 139,17

Loben und danken

Ich will danken, du mein Gott, aus ganzem Herzen,
von all deinen Wundern will ich erzählen.
Psalm 9,2

Gott gibt meiner SEELE Leben und Kraft zurück.
Psalm 23,3

Du hast meine Klage verwandelt in Tanzen.
Psalm 30,12

Ich will meinem Gott singen, solange ich lebe,
will meinem Gott spielen, solange ich bin.
Psalm 104,33

Dein Wort ist ein Licht auf meinem Weg.
Psalm 119,105

Alles, was atmet, lobt dich, DU mein Gott!
Psalm 150,6

Wenn du nun die Psalmworte kennst, die voller Leben sind,
zu Glück und Unglück, über Angst und Vertrauen,
mit so vielen Klagen und Bitten, so viel Dank und Lob,
dann wirst du fragen: Wie klingen denn die ganzen Psalmen?

Ich habe neun besonders eindrucksvolle Gebete für dich ausgewählt.
Darin findest du immer einige Psalmworte, die du schon kennst.
Nun kannst du sehen, in welcher Situation sie gesprochen wurden.
Wenn du die ganzen Psalmen liest, wirst du sie noch besser verstehen.

Wie wunderbar ist Gott und wie groß der Mensch – Psalm 8

DU unser Gott, wie wunderbar ist dein Name auf der ganzen Erde!
Mit deiner Herrlichkeit und Hoheit bist du auch oben im Himmel.
Schon die Säuglinge und Kinder loben dich und deine Schöpfung,
deinen Gegnern zum Trotz, sogar die Ungläubigen werden still.
Wenn ich hinaufschaue zum Himmel, von dir geschaffen, frage ich:
Was ist bloß der Mensch, dass du an ihn denkst und ihn annimmst?

Nur wenig geringer als Gott hast du den Menschen werden lassen.
Mit Glanz und Herrlichkeit hast du ihn gekrönt und ihn beauftragt,
sorgsam und verantwortlich mit der Schöpfung umzugehen.
Alles hast du ihm zu Füßen gelegt: alles auf der Welt, was ich sehe,
alles, was lebt auf dem Land, in der Luft und im Wasser:
alle Tiere auf der Erde, Vögel im Himmel und Fische im Meer.
Du unser Gott, wie wunderbar ist dein Name auf der ganzen Erde!

Wie lange noch soll ich mich sorgen? – Psalm 13

Mein Gott, *wie lange noch willst du mich so ganz vergessen?*
Bis wann versteckst du dein Gesicht vor mir?
Wie lange noch soll ich mich sorgen in meiner SEELE,
mit Kummer in meinem Herzen Tag für Tag?
Bis wann darf mein Gegner gegen mich sein und handeln?

Schau mich an und erhöre mich! Gib mir Antwort, DU mein Gott,
Mache meine Augen hell und wach, damit ich weiter leben kann,
damit mein Gegner nicht sagen kann, ich habe gesiegt über ihn,
damit meine Gegner sich nicht freuen, weil ich zu Boden gehe!

Doch trotz allem habe ich auf deine Güte vertraut,
mein Herz jubelt darüber, dass du so gerne hilfst.
Singen will ich meinem Gott, weil er Gutes an mir getan hat.

Warum hast DU mich verlassen? – Psalm 22

Mein Gott, mein Gott,
warum hast DU mich verlassen?
Warum bist du so fern, wenn ich klage und schreie?
Ich rufe bei Tag, doch du gibst keine Antwort.
Ich rufe bei Nacht und finde keine Ruhe.

Und doch bist du heilig und voller Leben,
auf dich haben unsere Väter und Mütter alles gesetzt.
Sie vertrauten auf dich und du hast sie errettet.
Sie riefen zu dir und wurden befreit.
Sie hofften auf dich und wurden nicht enttäuscht.

Ich aber bin ein Wurm, kein Mensch mehr.
Die Menschen – sie lachen mich aus.
Alle verachten mich und lästern:
Soll er seine Sorgen doch auf Gott abschieben!
Soll sein Gott ihn doch befreien, wenn er ihm gefällt!

Du bist es, der mich aus dem Bauch meiner Mutter zog,
du gabst mir mein erstes Zuhause an ihrer Brust.
Von Geburt an bist du nah bei mir,
schon im Bauch der Mutter bist du mein Gott.

Bleib mir nicht fern, denn Angst und Not sind nahe
und keine Helfer sind bei mir.
Wie Stiere haben sie mich umzingelt,
sperren ihre Mäuler auf wie brüllende Löwen.
Ich bin ausgeschüttet wie Wasser,
meine Knochen fallen auseinander,
mein Herz ist in mir wie Wachs zerflossen.
Meine Kehle ist ausgetrocknet,
die Zunge klebt mir am Gaumen.
Böse umkreisen mich, ihre Blicke nehmen mich gefangen.
Sie verteilen meine Kleider unter sich, werfen das Los darüber.
Du mein Gott, halt dich nicht fern!
Du meine Stärke, eil mir zu Hilfe!

Ich werde deinen Namen weitersagen,
vor aller Welt will ich dich loben.
Lasst euch von Gott berühren.
Gott hat das Elend des Armen nicht übersehen,
hat sich nicht vor ihm versteckt und sein Schreien gehört.
Deine Treue will ich preisen vor allen
und mein Versprechen erfüllen:
Die Armen sollen essen und satt werden.
Alle, die nach Gott fragen, werden ihn loben.
Aufleben soll euer Herz – für immer!

DU bist bei mir – Psalm 23

Mein Gott ist mein Hirte, nichts wird mir fehlen.
Auf grünen Wiesen lässt Gott mich ruhen,
und führt mich zur Quelle mit frischem Wasser.
Gott gibt meiner SEELE Leben und Kraft zurück,
sagt mir, was der rechte Weg ist und wie es weitergeht.
So ist Gott für immer seinem Namen treu.

Und muss ich auch wandern im finsteren Tal,
ich fürchte kein Unglück, denn DU bist bei mir.
Dein Stock und dein Stab schützen mich und machen mir Mut.
Du deckst mir den Tisch vor den Augen meiner Feinde.
Du salbst mich mit kostbarem Öl und machst mich schön.
Du schenkst mir den Becher voll ein. Es ist ein Fest!

Ja, Güte und Glück begleiten mich alle Tage.
So wird es weitergehen, solange ich leben und sein darf.
In Gottes Haus werde ich wohnen für alle Zeit.

DU bist die Quelle des Lebens – Psalm 36

Das Böse – auch in mir – sagt: Ich will gemein sein!
In seinen Augen ist weder Erschrecken noch Ehrfurcht vor Gott.
Es gefällt dem Bösen sogar, sich schuldig zu machen und zu hassen.
Die Worte aus dem Mund des Bösen bringen Betrug und Unheil.
So hört der Mensch einfach auf, weise und gut zu handeln,
plant das Übel in der Nacht, geht schlimme Wege am Tag.

Du mein Gott, deine Güte reicht, so weit der Himmel ist,
deine Treue ist so groß, wie die Wolken hoch sind.
Deine Gerechtigkeit ist standfest wie die Berge, von dir geschaffen,
deine Weisheit ist tief wie die Urflut am Anfang von allem.
Du rettest die Menschen und Tiere, erschaffst und erhältst sie.
Wie kostbar ist doch deine Liebe, Gott!
Menschen sind geborgen im Schatten deiner Flügel.
Sie erfrischen und ernähren sich am Reichtum deines Hauses,
du lässt sie reichlich trinken vom Überfluss deiner Freuden.
DU bist die Quelle des Lebens.
In deinem Licht sehen wir das Licht.

Spanne deine Güte aus über allen, die dich kennen,
erhalte deine Gerechtigkeit allen Menschen mit ehrlichem Herzen!
Lass nicht zu, dass das Böse und die Bösen mich kleinkriegen!
Dort, wo Gottes Leben und Licht ist, verliert alles Böse die Macht,
da stürzen Übeltäter zu Boden und können nichts mehr anrichten.

Gott ist ewig und der Mensch vergänglich – Psalm 90

Mein Gott, immer schon warst du unsere Rettung.
Du warst schon da, bevor die Berge geboren wurden,
noch bevor die Erde und das Universum entstanden.
Von ureinst her bis urletzt hin, also ewig bist DU Gott.
Die Menschen werden vor deinen Augen wieder zu Staub
und du sprichst zu ihnen: Kommt zurück zu mir!
Tausend Jahre sind für dich wie ein einziger Tag.

Von Jahr zu Jahr säst du die Menschen aus,
sie sind wie das Gras, das zuerst wächst:
Am Morgen ist es grün, blüht auf und wird groß.
Am Abend wird es welk, verdorrt und wieder klein.
Unsere Tage gehen dahin und wir vergehen,
während du immer da bist und ewig bleibst.
Unser Leben dauert vielleicht siebzig Jahre,
wenn es gut läuft, sind es achtzig oder mehr.
So schnell geht unsere Zeit vorbei, wir fliegen dahin.
Hilf uns zu begreifen, dass unsere Tage gezählt sind!
So werden wir klug und unser Herz wird weise.

Mein Gott, wende dich uns endlich wieder zu und hab Mitleid!
Schenk uns Freude so viele Jahre, wie unser Unglück dauerte!
Zeig uns bitte, dass du da bist,
zeig den Kindern, dass du ein helfender Gott bist!
Lass deine Güte und Schönheit über uns sein,
lass alles gelingen, was wir mit unseren Händen tun!

Wie unendlich ist dein Wirken – Psalm 104

DU mein Gott, dich lobt meine SEELE.
Wie groß bist du!
Glanz und Herrlichkeit sind dein Gewand.
In ein Kleid aus Licht hüllst du dich.
Du breitest den Himmel aus wie einen Teppich.
Die Erde hast du auf festem Grund gebaut,
in alle Ewigkeit wird sie nicht untergehen.
Einst hat die Urflut die Erde bedeckt,
die Wasser standen über den Bergen.
Doch du hast dem Wasser eine Grenze gesetzt,
nie mehr überflutet es die ganze Welt.

Du lässt Quellen sprudeln in den Tälern
allen Lebewesen geben sie zu trinken,
vom Himmel her gibst du der Erde Nahrung.
Du lässt Gras wachsen für die Viehtiere
und Pflanzen für die Arbeit der Menschen,
damit sie Brot gewinnen und Wein, der ihr Herz erfreut.
Du hast den Mond erschaffen als Maß für die Zeiten,
die Sonne kennt die Zeit ihres Untergangs.
Du sendest die Finsternis und es wird Nacht,
die Tiere erwachen und verlangen Nahrung von dir.
Erstrahlt dann die Sonne wieder, kommt der Mensch
und macht sich an die Arbeit bis zum Abend.

Du mein Gott, wie unendlich ist dein Wirken,
wie zahlreich sind deine Werke.
Mit Weisheit hast du sie alle ins Leben gerufen.
Die ganze Erde ist übervoll von deinen Geschöpfen.
Sie warten auf dich, du gibst ihnen Speise zur rechten Zeit.
Öffnest du deine Hand, werden alle satt mit Gutem.
Zeigst du dich nicht, sind sie verwirrt.
Wird ihnen der Atem nicht mehr geschenkt,
sterben sie und werden wieder zu Erdenstaub.
Sendest du deinen Geist, werden sie geschaffen
und auch das Gesicht der Erde erscheint neu.

Unendlich soll Gottes Herrlichkeit sein.
Freue sich Gott an allem, was durch ihn wurde!
Ich will meinem Gott singen, solange ich lebe,
will meinem Gott spielen, solange ich bin.
Mögen ihm meine Worte und Gedichte gefallen.
Ich freue mich an meinem Gott.
Es sollen keine Unmenschen mehr leben auf der Welt.
So schön wäre es auf Erden, wenn alle menschlich werden!
Ich will Gott loben von ganzem Herzen!

DU umgibst mich von allen Seiten – Psalm 139

Du mein Gott, erforschst mich und kennst mich.
Ob ich sitze oder stehe, du weißt von mir,
du verstehst von fern, wer ich bin und was ich denke.
Ob ich ruhe oder gehe, es ist dir bekannt,
in all meinen Wegen bist du bewandert.
Wenn noch kein Wort auf meiner Zunge ist,
weiß du schon, was ich sagen will.
DU umgibst mich von allen Seiten
und hältst deine Hand auf und über mir.
Zu wunderbar bist du für mich,
zu hoch, ich kann dich nicht begreifen.

Wohin könnte ich gehen und fliehen vor dir,
wo mich verstecken vor deiner Gegenwart?
Steige ich hinauf in den Himmel, so bist du dort;
bette ich mich irgendwo ganz unten, auch da bist du.
Ließe ich mich nieder am fernsten Meer,
auch dort würde deine Hand mich leiten.
Würde ich sagen: Finsternis soll über mich kommen,
statt Licht soll Nacht um mich sein,
dann wäre die Nacht für dich nicht finster.
Die Nacht leuchtet wie der Tag, die Finsternis wird zu Licht.
Denn ich bin im Innersten ganz deine Schöpfung.
Du hast mich werden lassen im Leib meiner Mutter.
Ich danke dir, dass ich so wunderbar gestaltet bin.
Zum Staunen sind deine Werke. Das erkennt meine SEELE.

Als ich geformt wurde im Verborgenen,
kunstvoll entstand in den Tiefen der Erde,
war dir nichts an mir unbekannt.
Als ich noch ohne Gestalt war,
sahen deine Augen mich schon.
In deinem Buch war schon alles geschrieben.
Meine Tage waren bei dir bereits vorgesehen,
als noch keiner von ihnen da war.

Du mein Gott, wie kostbar und undenkbar
sind für mich deine Gedanken, wie unendlich ihre Zahl.
Wollte ich sie zählen, es wären
mehr als alle Sandkörner der Erde,
mehr als alle Atome im Universum.
Und käme ich dabei irgendwann doch an ein Ende,
dann wäre ich noch immer bei dir.

Doch da sind auch Menschen, die mit Absicht Böses wollen.
Lasst mich in Frieden! Sie missbrauchen deinen Namen.
Wie sollte ich sie nicht verachten, wenn sie dich hassen?
Für mich sind sie Feinde und machen mich wütend.

Mein Gott, durchleuchte mich und erkenne mein Herz.
Sieh mich an und urteile! Erkenne meine Sorgen!
Bin ich nicht mehr auf deinem Weg?
Hilf mir, auf deinem Weg der Gerechtigkeit zu sein!

DU verschaffst Recht den Unterdrückten – Psalm 146

Mein SEELE lobe meinen Gott, solange ich lebe,
singen und spielen will ich Gott, solange ich da bin.
Verlasst euch nicht auf die Mächtigen,
denn sie sind auch nur Menschen, die euch nicht retten.
Wenn sie nicht mehr atmen und zur Erde zurückkehren,
sind auch all ihre Ideen und Pläne am Ende.
Wohl dem, dessen Hilfe und Hoffnung dann Gott ist.

Gott lässt werden Himmel und Erde, das Meer und alles darin.
Du mein Gott, bist dem Leben treu, solange es Leben gibt.
DU verschaffst Recht den Unterdrückten dieser Welt,
gibst den Hungrigen Brot und befreist die Gefangenen.
Die Blinden werden sehen, die Gebeugten werden aufgerichtet,
die Fremden im Land werden beschützt und behütet sein.
Allen, deren Eltern und Ehepartner nicht mehr leben, hilfst du.
Alle, die am Rande stehen, wirst du gut leben lassen.
Gott liebt die Menschen, die gerecht sind,
und sorgt für Gerechtigkeit auf immer und ewig.
Halleluja! Lobet unseren Gott JAHWE!

Alle Gefühle und Gedanken sind aufgehoben in den Psalmen:
das Traurige und das Frohe, das Schlimme und das Schöne,
das Verzweifelte und das Hoffende, das Trotzige und das Tröstende.
In Wortbildern und Bildworten können wir alles vor Gott tragen.

Die Psalmen zeigen, wie es geht. Sie sind ein Spiegel unserer SEELE.
Wir können sie gut gebrauchen, wenn uns die Worte fehlen.
Gott verspricht uns doppelt: Mein Ohr ist nah an deinem Herzen.
In meinem Herzen hast du für alle Zeit einen festen Platz.

Die Psalmen berühren das Dunkle im Leben und sind ein Weg ins Helle.
Sie sagen Nein zum Leid, klagen vor Gott und streiten mit Gott,
sie suchen nach Gott, bitten und danken für die Hilfe durch Gott
und loben trotz allem den oft verborgenen und dennoch gütigen Gott.

In guten und in schlechten Tagen ist Gott da und wird immer da sein.
Gott schaut auf jede und jeden von uns und sorgt sich um alle.
Wir sind bei Gott vorgesehen und werden von Gott angesehen.
Wer das erfährt, kann antworten: DU umgibst mich von allen Seiten!

SICH SELBST UND DAS LEBEN IN DEN PSALMEN ENTDECKEN

„Ich bin wie ein zerbrochenes Gefäß." (Ps 31,13): Zu diesem Psalmwort malt ein 10-Jähriger sein Bild und kommentiert: „Die Vase, das Herz, die Welt, alles ist zerbrochen." – Zu dem Psalmwort „Du bist Sonne und wärmst uns." (Ps 84,12) erklärt eine 8-Jährige ihre Zeichnung mit einer Mutter am Bett ihres Kindes mit der Sonne: „Das ist ein zweifaches Bild, einmal ist es die Sonne am Himmel und einmal ist es die Mutter, die für das Kind Sonne ist." So bringen die Kinder das Wörtlich-Konkrete und das Symbolisch-Bildhafte zusammen.

Die Sprache der Psalmen ist für Kinder wie auch für Erwachsene zugleich fremd und vertraut. Ihre Faszination ist darin begründet und dadurch geprägt, dass sie in geringer Weise zeitgebunden und in höchstem Maße situationsgebunden sind. Das macht die Psalmworte für uns so ansprechend und aussprechbar, reizvoll und sperrig zugleich. Sie bieten uns unaufdringlich ihre Sprache an, gerade für die Augenblicke im Leben, die sprachlos machen vor Trauer oder vor Glück. Sie schöpfen Kraft aus ihrer Sprachdichte und Bildhaftigkeit. Schon Kinder verstehen sie, entdecken sich selbst in ihnen und wenden sie an, wenn wir sie ihnen anbieten und sie einen Zugang aus eigener Erfahrung finden. So beginnt das Gespräch zwischen der eigenen SEELE und dem DU Gottes. Die Psalmen ermutigen zur Klage und spenden Trost, sie öffnen für das Schwere im Leben und stärken das Vertrauen.

Judentum und Christentum leben von und aus der authentischen Spiritualität der Psalmen. Sie werden als „Spiegel der Seele" gesehen (Athanasius), in dem sich der Mensch selbst erkennt. Rainer Maria Rilke nennt die Psalmen „eins der wenigen Bücher, in denen man sich restlos unterbringt". Der Alttestamentler Erich Zenger sieht die Psalmen als „verdichtetes Leben", in dem sich jeder Mensch wiederfinden kann: im klagenden Nein zu Leid und Gewalt, in der sehnsuchtsvollen Gott-Suche, im beglückten Dank für erfahrene Hilfe und im Loben des (trotz allem) gütigen Gottes.
Das alles gilt schon für Kinder, zugleich aber für Menschen in jedem Alter, zu jeder Zeit in der Geschichte der Menschheit wie in der Geschichte des Einzelnen. Das macht die Psalmworte so einzigartig und wertvoll. Dabei gehen sie den Weg von der Klage zum Lob Gottes, von Angst, Leid und Tod zu neuem Leben. Trotz aller Anklage überwiegt das Vertrauen gegenüber

Gott. Im Aussprechen von allem, was betrübt und manchmal verzweifeln lässt, geht es wieder aufwärts: Gott ist als Gegenüber und als Hoffnung in der Not immer da, nicht zur sofortigen Problemlösung, sondern als Kraftquelle für einen neuen Anfang, als Garant des Guten und als Grund der Zuversicht, dass es wieder besser und am Ende alles gut sein wird.

Mein Weg in diesem Buch geht vom Kleinen und Verdichteten zum Großen und Ganzen, um die Erfahrungswelt der Psalmen für heute schrittweise zu öffnen. Er beginnt mit 4 gegensätzlichen Psalmwort-Paaren. Danach werden in 15 thematischen Gruppen Psalmworte der Angst und Klage bzw. des Vertrauens und Lobens vertieft. Im dritten Schritt biete ich 9 der 150 Psalmen in leicht gekürzter Fassung an, die nun als Ganzes besser verständlich und leichter auf das eigene Leben zu beziehen sind. Meine Auswahl konzentriert sich auf besonders schöne und eindrucksvolle Psalmen und spiegelt zugleich die Bandbreite der Gefühle in den Psalmen wider, die ich immer bibelnah behutsam ins Heute übertragen habe.

Marieke ten Berge hat zu den von mir ausgewählten und bibelnah übersetzten Psalmworten wunderbare Bilder erschaffen. In ihnen zeigt sich ein tiefes Verstehen der Erfahrungen und Zusagen der Psalmen mit Herz und Seele. Die Illustrationen spiegeln die Erfahrungen der Worte auf kongeniale Weise, bieten eigenständige Zugänge und bauen Brücken zu den „alten" Psalmen in unsere Zeit hinein: für Kinder und auch für Menschen jeden Alters! Und vom Anfang bis zum Ende begleiten die treuen Vögel die Menschen auf ihrem Weg zu einem erfüllten Leben durch alle schwere Zeiten hindurch und können so zu Botschaftern und Vermittlern zwischen Himmel und Erde werden.

Ingo Baldermann, der erste Entdecker der Psalmen für Kinder, hat es auf den Punkt gebracht: „Kinder können Worte der Bibel direkt verstehen und sich darauf beziehen. Sie müssen nur die Chance erhalten, in den Worten der Bibel etwas zu entdecken, was über das hinausgeht, das wir ihnen vermitteln können. Das Wort hat die Kraft, mir die Angst zu nehmen und mir wieder Luft zum Atmen zu geben." Damit die Worte und Bilder der Psalmen ihre Wirkung entfalten können, müssen sie entdeckt werden. Geben wir schon Kindern die Chance, sie und damit sich zu finden, sie zu begreifen und auf ihr Leben zu beziehen, damit sie weiter wirksam sind als Hilfe zur Menschwerdung.

Rainer Oberthür

Grundlage und Anregung für die bibelnahen Psalmentexte waren neben der Einheitsübersetzung und der Luther-Übersetzung die Übertragungen in folgenden Büchern:

Baldermann, Ingo, Wer hört mein Weinen? Kinder entdecken sich selbst in den Psalmen, Neukirchener, Göttingen 2013
Buber, Martin, Die Schriftwerke, Band 4, Deutsche Bibelgesellschaft, Stuttgart 1976
Janowski, Bernd, Konfliktgespräche mit Gott. Eine Anthropologie der Psalmen, Vandenhoeck & Ruprecht, Göttingen 2021
Stadler, Arnold, „Die Menschen lügen. Alle“ und andere Psalmen, Insel Verlag, Frankfurt und Leipzig 1999
Stier, Fridolin, Mit Psalmen beten, hg. von Eleonore Beck, Katholisches Bibelwerk, Stuttgart 2010
Wachinger, Lorenz, An dir, DU, berge ich mich. Worte, Schreie und Gebete aus den Psalmtexten von M. Buber, Katholisches Bibelwerk, Stuttgart 2010
Zenger, Erich, Psalmen. Auslegungen, Band 1-4, Herder, Freiburg 2003

Oberthür, Rainer:
DU umgibst mich von allen Seiten – Psalmen für Kinder
ISBN 978 3 522 30621 8

Gesamtgestaltung: Marieke ten Berge
Einbandtypografie: Doris Grüniger, Buch und Grafik, Zürich
Innentypografie: Eva Mokhlis, Swabianmedia, Stuttgart
Reproduktion: Schwabenrepro, Fellbach
Druck und Bindung: Livonia Print, Riga

FSC
www.fsc.org
MIX
Papier | Fördert gute Waldnutzung
FSC® C002795

Bei Fragen zum Produkt: service@thienemann.de

3. Auflage 2025
www.thienemann.de